Anonymous

Die Fratschler-Weiber am Schanzel - Wien 1791

Anonymous

Die Fratschler-Weiber am Schanzel - Wien 1791

ISBN/EAN: 9783744676694

Hergestellt in Europa, USA, Kanada, Australien, Japan

Cover: Foto ©ninafisch / pixelio.de

Weitere Bücher finden Sie auf **www.hansebooks.com**

Die Fratschler=Weiber am Schanzel.

Erstes Stük.

Personen.

Monsieur.
Madame.
Oehlermeister.
Bäckermeister.
Mühlermeister.
Polizey-Korporal.
Madem. Brunette.
Chevalier d'Amour.
Barbier.
Furbs, ein Bettelbub.
Erste Oebstlerin.
Zweyte Oebstlerin.
Fratschler-Frauen.
Zillenkommiß— als Obstliferant.
Mehrere Fratschlerfrauen.
Verschiedene hin und her spazirende
 Partheyen.

Sammlung

von

komischen

Sing = und Lustspielen.

———

Erster Aufzug.

Erster Auftritt.

Das Theater stellet den Schänzelplatz vor, allwo nebst vielen herumsitzenden Oebst= ler=Frauen vom Lande, einer Barbier= hütte, ein Würstelbratter=Stand, mit angemachten Sallat; dann der Donau= Fluß mit angeankerten Obstzillen zu se= hen. Verschiedene Gattungen von Men= schen gehen hin und wider spaziren.)

Aria
Erstes Oebstler=Weib.

Kaufts Herrn meine Kirschen, kaufts Birn,
kaufts Marillen,
Ihr könnt euch den Hunger und Durst damit
stillen;

Kaufts kreutzerweiß, groschenweiß, büttelweiß
ein,
Dieweil meine Früchten ganz frisch gepflükt
sein,
Ihr Herren, ihr Frauen, ihr Jungfraun
kauft ein.   Repet.

2te Oebstl. Kaufts Ribisel, kaufts Agras,
kaufts Erdbeern, kaufts Weichsel,
Ich sitz da, und lös nichts, das ist doch zum
Deichsel.
Ich geb all's so wohlfeil als immer eins kann,
Und bring meine Waare so hart an den Mann.
Ihr Herren, ihr Frauen, ihr Jungfrauen sehts
an.   Repet.

Aria Duetto.

Brunet. Sag die Frau! wie theur das Bütel,
Oebstl. Mir gehört kein Frauen-Titel,
Brunet. Nun so sag Sie kurz wie theu'r?
Obst gibts überflüßig heu'r;
1. Oebst. Darum fodre ich nicht viel,
Wenns die Jungfrau kaufen will,
Gieb Sie mir ein halben Thaler
Sammt dem Bütel,
Cheval. — — — — ich bin Zahler;
Brunet. (Betroffen.) Warum! das versteh
ich nicht,
Cheval.

Cheval. Ein so schön brunett Gesicht
Ist mehr als ein Thaler werth;
Brunet. Dafür hab ich nichts begehrt,
Sagen Sie es zum Ralliren,
Oder blos mich zu Vexiren
Dieses ist umsonst zu sehn!
Cheval. Mauserl will Sie mit mir gehn,
Um das Obst nach Haus zu tragen,
Dann darf Sie nicht weiters fragen
Ich bin Zahler hier dafür,
Und das Obst bleibt alles ihr. Rep.
Cheval. (Bezahlt die Oebstlerin.)
Brunet. Wenn es so ist, gnädiger Herr,
Und Sie fordern sonst nichts mehr,
Als das Obst nach Haus zu tragen;
Dieß will ich ihm nicht versagen,
Nun so ist der Kauf gemacht.
(Beyde tretten ab gegen die Stadt.)

Aria.

Furbo. (Hereinschleichend als Bettelbub.)
Heute ist aus keiner Taschen
Ein gut's Sacktuch zu erhaschen,
Heute bring ich nichts zu Stand,
Alle tragens in der Hand;
Soll ich dann von dieser Scen
Ohne aller Beute geh'n
Das wär schön, das wär schön.

Dorten bey dem Wurstel=Stande,
Seh ich Leute von dem Lande,
Dort will ich mein Glück probiren
Etwan läßt sich was tentiren;
    Während daß die Leute naschen,
    Ist etwas aus ihren Taschen
    Zu erhaschen, zu erhaschen.

Glückes Göttin hör mein Flehen,
Weigre dich nicht beyzustehen,
Daß wenn meine Hand was schnappt,
Mich kein wachsams Aug ertappt.
    Sonsten kommt mein gut's Genie
    Pour le rest, de toute ma vie,
    Zur geschloßnen, zur geschornen Compagnie.
    (Furbo tritt ab, und schleichet sich
    unter die Landleute.)

Zweyter Auftritt.

Aria Mutata.

Landw. Dreißig Birnd'l für ein Groschen,
Frätschl. Zreiß die Frau sich nicht die Goschen,
    Wofür ist das Ceberg'schrey!
Landw. Mir als Landweib steht es frey
    Meine Waare feil zu bieten.
Fratschl. Und wir haben zu verhüten,

Daß

Daß die hies'gen Wiener = Narren
Von dem Landpreis nichts erfahren,
In der Stadt gebn wir nicht mehr
Als fünf für Ein Kreutzer her,
Wir geben nicht mehr, wir geben
        nicht mehr.

Landw. So habt ihr bey jedem Quantum,
Altrum tantum, altrum tantum,
Das ist wahrlich viel zu viel.

Krätschl. Schweig die Frau für dießmal still,
Weil Sie das, was Sie verlangt
Vor ihr Waar von mir empfangt.

Landw. Ich nehm, wenn die Frau mir glaubt
Achtzehn Groschen überhaupt.

Krätschl. Ungezählt gieb ich sie her,
Nehms die Frau ich schrei nicht mehr.
    (Die Krätschlerin bezahlt.)
Wenn die Frau noch mehrer hat,
Bring sie selbe in die Stadt
Wo ich meine Einsatz hab;
Dort löß ich ihr alles ab.
Was sie immer bringen kann,
Ich logier beym wilden Mann.
Ohnweit von der Weyburggasse
In der grossen Kärntnerstrasse,
Rechter Hand im Hof hinein,
Werd ich zu erfragen seyn.

Ebner Erde rechts hinein, rechts
hinein.
(Tritt ab.)

(Ein abgedankter Soldat beym Barbierla-
den, so verschiedene Landleute rasiret,
auf 3 Stühlen.)

Aria.

Barbier. Wer hat Lust auf freyer Strassen,
Sich von mir rasirn zu lassen,
Der komm her, und setze sich
Ich rasir mit 3, 4 Strich;
Einen halb gewachsnen Bart,
Nach der neusten Wiener=Art, Wiener=Art.

Meine Messer sind gestrichen,
Saiffenlader ist zerschlichen,
Drey Minuten brauch ich nur,
Zu der stärksten Manns=Rasour;
Und dafür giebt keiner mehr,
Als Ein Kupferkreutzer her, Kreutzer her.

Habt ihr Herren, habt ihr Frauen,
Zu mir sämmtlich das Vertrauen;
Sezt euch, sezt euch wenn ich bitt,
Ich rasire ohne Schnitt.
Ohne Haarsprung, hurtig, lind,

Flink,

Flink, behänd, rasch wie der Wind, wie der
Wind.

Sezt euch, sezt euch zu probiren,
Ob ein andrer im Rasiren
So geschicklich, so vergwißt,
In der Kunst zu Sieden ist;
 Für Ein Kreutzer, und nicht mehr
 Sezt euch, sezt euch, sezt euch her, sezt euch her.
 (Einer um den andern steht auf, bezahlt.)
Barb. Schönen Dank, votre Serviteur,
  Kommen sie bald wieder her.

(Würstel= und Sallat= Stand.)
Aria.
Frau. Wer speißt Würstel, wer Sallat,
Wer Durst oder Hunger hat
 Komm herbey, komm herbey.
Zahlt 2. Kreutzer und nicht mehr,
Wem beliebt, der sez sich her.

D' Würstel stehen auf der Glut,
Der Sallat ist fett und gut.
 Per Portion zahlt d' Person,
Nur 2 Kreutzer und nicht mehr,
Wem beliebet der komm her.

Dritter Auftritt.

Herr Mühlermeister, Hr. Bäckermeister, Hr. Oehlermeister sich einander rencontrirend.

Aria.

Oehl. Es sagte mir anheut,
Ein Freund zur Mittagszeit,
Er garantirt bey seiner Ehr
Das nichts so unterhaltend wär,
Als Nachmittags am Schanzel=Thor,
Das Oebstler = und das Fratschler=
Chor,
Gloßirend zu betrachten,
Er sagt, es sey das Schakspear
Und die Bourlesk vom Mollier,
Dagegen nicht zu achten,
Die Wahrheit von der Sach zu seh'n
Entschloß ich mich hieher zu gehn.

Nun hatte ich von ungefähr
Hr. Mühlermeister und Bäckermeister.
Und wir mitsamm zugleich die Ehr,
Hier uns zu rencontriren,
Nun wollen wir zum Wasser gehn,

Um

Um da die Fratschler-Frauu zu sehn,
Wie Sie da Negotiren.

(Alle 3 gehen gegen der Donau zu denen
Obst-Zillen, beym Wasser entsteht
ein Geschrey; halts auf!)

Aria Mutata.

Mehrere Stimmen. Halts auf, ein Dieb,
halts auf!
Oehl. Da kömmt ein Bub in vollem Lauf,
Der soll uns nicht entkommen.

(Die 3 Bürger stellen sich in Reihen, der
Bub will durchspringen, wird aber
von dem Oehlermeister gefangt.)

Oehl. (So den Burschen bei den Haaren er-
wischt.)
Wem hast du was genommen?
Furbo. (erschrocken.) Herr laßt mich gehn,
Ich bitt recht schön,
Sonst werd ich eingesperrt.
Oehl. Kein Schritt von hier,
Du bleibst bey mir,
Bis man die Ursach hört.
Furbo. (zitternd.) Dort hat ein Herr,
Von ungefähr,

Der

Den Beutel fallen lassen;
Den hebte ich
Als Fund für mich,
Frey auf, auf offner Strassen.

Oehl. Wenns so ist, wie dein Mund jetzt
spricht,
So wird für dich gebetten;
Wir werden dich auch bey Gericht,
Von aller Strafe retten.

Polizeykorp. Bist da, du saubrer Schnipfersgsell,
Hat dir die Flucht mißlungen,
Warum bist du so gäh so schnell
Wie ein Merkur entsprungen.

Oehl. Wem hat er dann
Was leids gethan!

Korp. Der Herren einen, die zu uns sogleich
gelangen werden,
Stahl er den Beutel aus dem Sak, er
fiel ihm auf die Erden,
Er hobe ihn behändig auf,
Dann flohe er in einem Lauf,
Der Meinung zu entkommen.

Furbo (zu dem Oehlermeister, so ihn noch
immer haltet.)
Herr laßt mich aus,
Ich muß nach Haus.

Korp.

Korp. Ich protestir,
Du wirst von mir,
Als Schnipfer übernommen.

Oehl. Er sagt, er hab von ungefähr
Den Beutel aufgehoben,

Korp. Der Eigenthümer kommt schon her,
Er wird die That erproben;
Zur Vorsicht muß ich immerhin,
Den Arestanten halten.

Oehl. (überläßt ihn der Polizey.)
Und ich so wahr ich ehrlich bin,
Kann dein Recht nicht verwalten.

Furbo Hätt mich der Herr nicht aufgefangt,
So wär ich zu dem Ziel gelangt,
So ich mir vorgenommen,
Ich hätt das Geld
Ganz ungezählt,
Erhascht, und wär entkommen.

Korp. Wo ist der Beutel, geb ihn her!
Hast du sonst keine Beute mehr?
Ich muß dich visitiren;
Damit du nicht
Kannst bey Gericht,
Das Factum mehr negiren,

Korp. (Visitirt die Säcke; ziehet ein feines Saktuch, ein Tabatier und eine Uhr nebst dem Beutel heraus.)
Dieß Saktuch, g'hört gewiß nicht dein,
Es ist zu groß, es ist zu fein,
Wie stehts mit deiner Hosen!
Woher die Uhr und Dosen?

Eine Compagnie Herrn und Frauen langen an.

Furbo. Dort unten saßen all die Herrn
Da hab ichs untern Kirschen = Kern
Von ungefähr gefunden;
Ich klaubte alles heimlich auf,
Und bin durch meinen schnellen Lauf,
Aus ihrem Aug verschwunden.
Zum Unglück fang der Herr im Trab,
Mich hier bey meinen Haaren ab.
Der Herr ist schuld auf immerhin,
Wenn ich durch ihn unglücklich bin;
Der Herr allein ist schuld daran,
Erst nahme er sich meiner an,
Ich dacht, ich würd durch ihn
entkommen,
Nun wollt ich gern,
Gestrenge Herrn,
Ich hätte nichts von euch genohmen,

Korp. Das glaub ich dir,

Du

  Du gehst mit mir;
   Und diese Herrn befehlen
   Den Beutel durchzuzählen
Den alles was ich bey ihm fand,
Muß ich durch meine eigne Hand:
   Der Ueberzeugung wegen,
   Zu Grichtes Handen legen,
Die Herren melden sich sobann,
Des Morgens bey dem Stadtgricht
      an,
Da wird er vorgenommen;
Und Sie soll'n alles was ich hab,
Durch des Gerichtes Wiedergab,
   Ganz pünktlich überkommen.
Nun marsch mit dir,
Du gehst mit mir;
  Doch daß er nicht entkommen kann,
  So leg ich ihm die Schrauben an.

Korp. Heb beyde Daumen in die Höh
(Der Korporal legt ihm die Daumschrauben
  an.)

Furbo. Der Herr Korporal ist grober Art,
  Er schraubt die Daumen viel zu hart.
  O weh, o weh, o weh.

Korp. Nun geh, nun geh, nun geh.

Der Korporal führt Furbo ab, ein Herr davon
  geht mit.

Vierter Auftritt.

Ruf mehrerer Stimmen.
Helfts, sonst ists mit mir geschehen,

Die übrigen Herren.
Laßt uns zu dem Waſſer gehen,
Dort iſt etwas neus geschehen,

Ruff. Helfts, sonſt ists mit ihr geschehen,
Mad. Was muß das ſein, Schatz bleib hier
Ich laß dich jetzt nicht von mir,
Seh wie ſich die Leute drängen
Es iſt gfährlich ſich zu mengen,
Es muß wer in Todsgfahr ſeyn
Hörſt ſie ſchreien, hörſt ſie ſchrein.
Ruff. Helfts, sonſt ists mit ihr geschehen.
Monſi. Laß mich Schatz, ich will nur ſehen,
Mad. Ich laß dich nicht von mir gehen,
Monſi. Bleib indeſſen ſtehen hier
Ich komm alsogleich zu dir;
Laß mich Schatz ich will nur ſehen
Mad. Ich laß dich nicht von mir gehen.

(Alles lacht.)

Monſi. Hörſt du nicht, das alles lacht;
Mad. Nehme dich und mich in Acht.
Monſi. Haſt du nicht um Hilf hörn ſchrein
Zweymal wiederholl'n gehört.

Holz-

Holzscheiber.

Es ist wohl der Müh nicht werth,
Um ein alte Frätschler = Taschen
Aus der Donau zu erhaschen,
So ein G'schrey um Hilf zu machen,
Jetzo müssen alle lachen
Daß der Bär ist ausgeschwommen,
Und watsch naß ans Land gekommen,
Dorten sizt sie an dem Joch,
Also nasser schimpft sie noch
Auf das Weib, so sie zum Possen,
Von der Zilln hinabgestossen
Weil sie immer viel zu Viel
Bloß für sich erhaschen will;
Sie vertheurt durch Ueberzahlen
Denen Fratschler = Weibern allen,
Ihren Abnahm jeder Waar,
Und der Bauer wär ein Narr
Wenn ers nicht benutzen sollte,
Was ein jede bieten wollte.
Sie hat zu viel drauf gelegt,
Dieses hat den Lärm erwekt;
Weils die andern hat verdrossen
Haben Sie sie ins Wasser g'stossen,
Und da war sie in Gefahr,
Daß sie bald ertrunken war;
Da man ihr zu Hilf gekommen,

Ist die Tratschl ausgeschwommen,
Alle lachen sie nun aus,
Heissens die getaufte Maus.
Und die Weiber hab'n die Butten
Alle unter sich zu guten,
Lauffen jezt damit nach Haus —
   (Alle Weiber mit denen Butten hin und her
      lauffend.)
B'hüt dich Gott getaufte Maus,
Unser Schanzel-Markt ist aus;
Wir gehn nach Haus, wir gehn nach Haus.

  (Die Oebstler-Frauen kommen mit ihren
   angefüllten Butten vom Schiff her-
   vor, stellen sich in einen halben
   Kreis.
Aria.
   Die erste Oebstlerfrau.
Unsre Butten sind zwar voll
Liebe Frauen wißt ihr wohl
Was mit uns nächst vorgehn soll!
  Man sitzt beym Deliberiren
  Nebst verbottenen Haußiren
  Unsre Ständl zu Cassiren
Landleut sollen ganz allein
Führohin berechtigt seyn
  Wenn und wo Sie immer wollen
  Daß Sie frey verkaufen sollen

                Und

Und die Stand=Frau in der Stadt
So ein altes Vorrecht hat,

Zweyte Oebstler=Frau.

Findet beym Hochweisen Rath
 Deß verwunschnen Patrioten,
 Deßen angegebner Noten,
 Erster Thon des Vorschlags statt,
O, so sind wir unfehlbahr
Allzusammen in Gefahr,
 Gänzlich abgeschaft zu sein.

Chor aller Oebstler=Frauen.

Wir geh'n diesen Spruch nicht ein.
Was Sie da spricht,
Das geschieht nicht.
Wir gehn in die Burg hinein;
Wolln durch Winseln, wolln durch Schrein
 Den Monarchen selbst bewegen,
 Das er gütigst unsertwegen
Einen gnäd'gen Spruch verfaßt
Und uns ferners handeln laßt.

Dritte Oebstler=Frau.

Ich hab immer das Vertraun,
Das 30000 Taferl=Frauen,
 Ihr vereinigtes Geschrey,
 Dringender als alle Noten

Deß

Deß verwünschten Patrioten,
In dem Ohr des Kaisers sey.

Chor aller Frauen:
Der verwünschte Patriot,
Brächt uns alle um das Brod.
    Weib und Kinde
    Das wär Sünde.

Hier auf Erden, dort vor Gott,
Der verwünschte Patriot.
    Brächte 30000 Frauen,
    Ohne auf die Folg zu schauen
    Um ihr Brod, um ihr Brod,

    Weib und Kinde,
    Das wär Sünde.
Hier auf Erden, dort bey Gott,
Der verwünschte Patriot.

———

Die
Fratschler = Weiber
in
Wien.

Zweytes Stück.

Wien, 1791.

Personen.

Frau Limoni Bäberl,
Frau Sterzlin,
Frau Pemplerin,
Frau Stumpferl,　} Sieben Fratschler-Weiber.
Frau Starzel,
Frau Stieglizin,
Frau Kernbeißin.

Herr Markt-Commissarius.
Herr Corporal, von der Polizey.

Frau Krautbaplin,
Frau Sauerampfin,　} Vier Gärtnersfrauen.
Frau Brungreßin,
Frau Antibin,

Herr Oelermeister,
Herr Müllermeister,
Herr Bäckenmeister,
Herr Fleischhauermeister, Luc. 18.
Jungfer Victorl, Einkäuferin.
Rundum, Kellnerbursch.

Sammlung

von

komischen

Sing = und Lustspielen.

Erster Aufzug

Das Theater stellet den Judenplatz vor, wo verschiedene Gärtnersfrauen bey ihrem Kram sitzen.

Erster Auftritt.

Mit Aufzug des Vorhangs.

Aria.

Frau Krauthapl.

Ein Gärtnerin seyn
    Bey jetzigem Fall,
Ist wahrlich ein Pein
    Ist immer ein Qual.
Fruh aufstehn
Heien gehn
    Beym Butten zu sitzen

Von

Von sieben Uhr
Bis eilf Uhr.
 Im Sommer zu schwitzen
Ist immer ein Pein.

 Chorus all übriger Frauen.

Wir stimmen mit ein
 Bey jetzigen Fall
Ein Gartnerin seyn
 Ist immer ein Qual
Ist immer ein Pein.

 Fr. Krauthaplin. Was doch Ursache daran seyn muß, daß wir Gärtnerfrauen von 7 Uhr früh, bis 11 Uhr Mittags selbst persönlich bey unserm grünen Kram sitzen müssen, und unsere Waare nicht wie sonst denen Fratschler-Frauen mit Anbruch des Tages, oder Mitternachtszeit, wie bishero geschehen, Buttenweiß abgeben dörfen.

 Fr. Saurampf. Beste Frau Krauthaplin! Ich habe mir sagen lassen, unsere eigene Männer sollen schuld daran seyn, damit sie uns als das obsichtige Aug von dem Hals bringen, um desto freyer mit unserm Hausgesinde schalten und walten zu können.

         Fr.

Fr. Krauthapl. Wenn ich sicher wußte, daß mein Mann mitverstanden wäre, so sollte ihm Mephistophilus seine alte Bockshörner mit Scheidwasser auspeitzen, und zu meiner Satisfaction gedoppelte Acteonszweige auf die Stirn äugeln.

Fr. Brungreßin. Lassen sich die Frauen diesen falschen Argwohn nicht anhäften, ich weiß es besser, sie sind falsch berichtet, unsere Männer sind diesfalls ganz ausser Schuld. Ich habe mir von einem hochvertrauten Einkäufler einer vornehmen Herrschaft versichern lassen, daß eine besondere Commißion angeordnet ist, der es oblieget, alle mögliche Wege in Vorschlag zu bringen, wodurch der dermaligen Theurung, so in allen Nahrungsartikeln ausserordentlich überhand genommen, Einhalt zu machen, dabey ist unter anderen auch erwogen worden, daß die Frau Fratschlerfrauen, oder sogenannte Dreyguldenburgerinnen (deren bey 30,000 in Wien seyn sollen) blos durch ihren frühzeitigen Vorkauf, wodurch sie dem Landmanne als ersten Erzeuger alle Nahrungsprodukten um ein Spottgeld ablösen, und mit mehr als alterum tantum Gewinnstes verschleissen, die Theurung in den kleinsten Nahrungsartikeln verursachen.

Fr.

Fr. Krauthapl. Die Frau Brungrößln mag recht haben, dann wie ich sub Rosa von einem k. k. Stallabjuncten sicher vernommen habe, so sollen dieser Dreyguldentaferl = Frauen jede 3, 4, auch mehrere Hausirer Fräulein von guter Gesichtsbildung unterhalten, welche auf allen Gassen und Strassen, unter den Hausthören, auf den Stiegen, ja so gar in den Privatwohnungen ihre unzeitige Waaren an den Mann zu bringen wissen, somit den aufrechten bürgerl. Gewerbstreibern grossen Schaden zuziehen.

Fr. Antivien. Auch dieses hat Grund der Wahrheit, das Zuverläßigste aber von allem ist, daß ein unbekannter Scribler unter dem Titel: Patriotische Gedanken, wie die Hinderniß der Wohlfeilkeit, welche die Theurung verursachen, zu heben seyn; sich hervorgethan, und ein gedrucktes Büchel, die gelehrte Herren nennen es Broschur, ich aber halte es für einen blossen Federwisch, für sieben Kreuzer habe auflegen lassen, wodurch er die meisten Gewerbsbetreiber, ganze bürgl. Zunften ohne Ausnahm als Betrüger, Lügner, wucherische Gewinnstbetreiber, Waaren = und Gewicht = Verfälscher anzeiget, und hauptsächlich alle Fratschlerfrauen, und Hausirer=

rep-Fräulein abgeschaft wissen, zum höchsten nur jene, so keiner andern Arbeit vorstehen können, dulden will.

Fr. Brungreßin. Das Haußren abzuschaffen, wäre so unbillig nicht, denn daß damit viele Schmutzereyen vorgehen, ist eine halb erwiesene Sache; daß aber die Reduction der Fratschlerfrauen, bis auf jene, so keiner Arbeit vorstehen können, erfolgen solle, dieses wäre ein unerträglicher Stoß für uns und unsere Nachtsmmlinge.

Zweyter Auftritt.
Herr Marktcommissarius, und die Vorigen.

Bey jetziger Zeit wollte ich lieber ein Gänsehirt als Marktcommissarius in Wien seyn. Freilich wohl wirft das Dienstel für den Magen was ab, die Verdrüßlichkeiten und Galle aber so man mit den Marktfrauen hineinschlucken muß, ist unbeschreiblich.

Aria.
Marktcommissar.
Zehn tausend Flöh, zwanzg tausend Wanzen
Belehr ich eh' im Contratanzen.
Als eine Wiener Fratschlerin
Zur Aendrung ihres Eigensinn.

Sie

Sie scheuen sich vor keiner Stelle,
Befolgen niemals die Befehle
    Ein jede treibt das Widerspiel.
    Und wenn man sie bestrafen will,
So geht das Maul, wie eine Mühle
Sie halt nicht ein, sie schweigt nicht stille,
    Sie plappert immer, immer fort.
    Kurz! sie behaupt das letzte Wort.
Zehn tausend Flöh, 20,000 Wanzen
Belehr ich eh im Solotanzen
    Als eine Wiener=Fratschlerin.

repetitur ad arbitrium Musicæ compositoris.

    Fr. Krauthapl. Was wollen Sie sich beklagen, bester Herr Marktcommissär! Sie haben Unterstützung von höherer Behörde, wir aber, wir arme Gärtnerinnen sind am übelsten daran. Vormals schickten wir unseren ganzen Kram durch die Bandelkramerleute, Abends, oder mit Anbruch des Tages in die Stadt. Die Fratschlerinnen übernahmen die ganze Waare bey Putz und Stingl für einen billigen Preis, und vergüteten uns die Kreutzer, so wir für jede Buttentrag bezahlten, zehenfach, wir durften zu Hause bleiben, konnten früh morgens, wenn wir unsere Handlanger zum Güssen und Jäten angestellet hatten, mit Bequemlichkeit ein halbe Obers=Caffee mit Milch=
                              rahm

rahm=Kipfel austunken, auf unsere Wirth=
schaft und Kinder sehen, der Mann stupfte
nachmals Rättig, schuberte sein Bissel Sämmerl=
werke aus, setzte Pflanzen, von da zum Tisch
und dann in das Bette. Somit war immer
der Segen Gottes bey Hause, und unsere
Familien wuchsen solcher Art ganz in der Stille
heran. Nun heißt es, Weiber früh auf,
packt euern Kram zusamm, marsch in die Stadt!
da haben wir kaum so viele Zeit übrig, daß
wir unter den Stadtthören eine Doppel=
schaalen schlampichten Milch=Kaffee, mit einer
Zweypfennig Semmel hinein schlucken, dann
dürfen wir von 7 Uhr bis Mittags im Som=
mer bey unserm Kram sitzen und schwitzen,
Winterszeit mit Eiszäpfeln und Gluthäfern
spielen, indessen liegen unsere Männer auf gu=
ter Rast im Bette, und wer weiß, wenn wir
nicht zu Hause sind, was da vorgeht.

Fr. Sauerampfin. Sagen Sie mir doch
gestrenger Herr Marktkommissar, ob denn
diese neue Verordnung von langer Dauer seyn
sollte?

Fr. Brungreßin. Das will ich ja nicht
hoffen, wenn es gar zu lang anhalten sollte,
und nicht im Kurzen abgethan wird, so gebe
ich meine ganze Krauterey auf, und werde zur

Fr. Saurampf. Die Frau Brungreßin hat leicht schwätzen, es ist mit wenig Worten gesagt, eine Marchandmode-Frau werden, es gehört aber mehr als Fisolen zupfen und Antivie putzen dazu.

Fr. Brungreß. Liebe Frau Sauerrampfin, das wird so viel nicht brauchen, ich verschreibe mir eine französische Schachteltragerin aus Montpellie, nehme 6 oder 8 wohlgestalte Lehrmädel dazu. Muschelin, Dinntuch, Gäß, Haubenbrath, Spennabel, Auffatzblümel und Haubenbänder, a la Laudon, a la Coburg, a la Waschingthon, a la Faux, a la Tscheriffe, kann ich von meinem ersparten Spärgelgeld zu Genüge beyschaffen, und somit bin ich ausstaffirt, Frau für mich, und mein ganzes Gewerbe hanget von meiner Willkühr ab. Ich bestimme die Verschleißtaxa, wie ich will, stehe unter keiner Taciffr, und hange von keiner Obrigkeit ab.

Aria.

Hab ich Dinntuch, Haubenbrath,
Muschelin, und Modebänder;
Spennadeln von Karlsbaad,
Haubenmuster fremder Länder.

Ein

Ein halb Duzent saubere Mädeln
Mit Brounett geschmückten Schädeln.
 Ein Pariser-Häfterin.
 Ein Scholarin als Blundin
 Ein geschlaue Márquerelle.
 So ist mit dem Pagatelle
 Mein Gewerb in Stand gesetzt.
 Und ich werde selbst zuletzt
 In den Abend-Assembleen
 Wie ein Dame angesehen.
 Ich leb besser, Sorgen frey
 Als bey meiner Krauterey,
 Spar ein Capital daben.

 Chorus der übrigen Frauen.
  Gut getroffen, Ey, Ey, Ey.

 Fr. Krauthäpl. Ich weiß es sicher Frau Brungreßin, daß auch diese Marchandmode-Frauen unter der Obsicht der Obrigkeit stehen, und wenn sie es versehen, gestraft werden können, wie wir, wenn sie keine besondere Protection haben.

 F. Brungreß. Protection will ich mir baldig verschaffen, ich weiß schon, wie ich es anstelle.

          Fr.

Hr. Marktcommiſſarius, der ſich indeſſen von einem Kram zur andern, mit Uiberſicht beſchäftiget, und zuletzt die Frau Brungreßin behorchet hat.

Was ihr Weiber ●tolles Zeug daher ſchwätzet. Ich hätte guten Luſt, euch durch die Polizeywache arretiren, und auf die Schranen führen zu laſſen; wozu dieſe Plauſcherey, ſie klinget nicht anders, als ob durch Protection und kleine Recompenſen ſich alles blenden ließe.

Fr. Brungreß. Nicht ſo geſtrenger Herr Marktcommiſſar, das war eben meine Abſicht nicht. Sie nehmen unſere Reden im unrechten Verſtande. Sie ſind für ſich, und für uns immer ein guter Herr, wir wiſſen Sie alle nach Ihrem inneren Werth zu ſchätzen. Werden Sie auch niemals auſſer Acht laſſen. Ich habe heute in aller früh der ſtrengen Frau einen ſchönen Spargelbuſchen daumendick überbracht. Sie hatte eine ausnehmende Freude, und verſprach mir, denſelben bis Mittag für Sie mittels einer geſchmackten Butterſoſſe zuzurichten.

Fr. Saurampfin. Die Butter nebſt einem Körbel-Chambions habe ich der ſtrengen Frau vor Anbruch des Tages, durch meine kleine Tochter, Zillerl, zugeſchickt.

Hr. Marktcommiſſar. Mit euren Spargel, Butter und Chambions, da habe ich den Plunder davon, das darf mir die Meinige ohne Bezahlung nicht annehmen, wagt ihr es noch einmal meiner Frau derley Küchen-Regalien zuzubringen, ſo nehme ich euch ſicher die Marcktpolleten ab, und wir ſprechen uns an einem dritten Ort mehr davon.

Aria.

Welche es in Hinkunft wagt
  Daß Sie Spargl, Butter, Schwamm,
  Oder ſonſt von grüner Kram
  Etwas in die Küche tragt,
Der nehm ich die Marktpolleten
  Ohne allen Anſtand ab.
Weilen ich laut Hofdekreten,
  Ueber euch die Vollmacht hab.

* *
*

Keine ſoll ſich unterſtehn
  Keine mache ſich die Luſt.
  Ohne meinen Vorbewuſt,
Fruh zu meiner Frau zu gehn.
  Fr. Brungreß. Sind Sie nur gut Herr Marktcommiſſär, es wird nicht mehr geſchehen.

Aria.

Aria. Allegro.

Nicht wahr meine Frauen, ihr stimmet mit ein,
Daß beyden von uns aus geholfen soll seyn.
Der strengen Frau Spargl, Karviol und Sallat
Dem strengen Herrn öfters ein Doppel-Dukat,
Für gütige Nachsicht und Schutz, auf die Hand.
Uns ist es kein Schaden, und ihm keine Schand.

Chorus aller Weiber.

Der strengen Frau Spargel ꝛc. ut supra.

5r. **Marktcommißar.** Mit Vorsicht und Bescheidenheit läßt sich manche Hinderniß heben; ich bin eben der Mann nicht, so sich Vergnügen durch Bedrängniß ehrsamer Gewerbsbetreiber machet. Wem ich ohne Verletzung meiner Ehre und Pflicht etwas in die Ordnung bringen kann, der darf sicher auf mein gutes Herz Rechnung machen, aber Dankerkänntlichkeit fordere ich auch, und diese wird mir keine mit Rechten entsagen.

Drit=

Dritter Auftritt.

Jungfrau Victorl, als Einkauferin.

Aria. Piano triste.

Wie wird es mir gehn, wie werd ich bestehn
Das Marktgeld ist klein, was kauf ich heut ein.
Von heute auf morgen, wird keine mir borgen,
Dieweilen mich keine, und ich keine kenn;
Wie wird es mir geh'n, wie werd ich be=
steh'n.

Fr. Krauthapl. Kauft die Jungfrau But=
ten = oder Groschenweiß al in Grosso, oder
a la Minuta. Hier hätte ich einen schönen
Buschen Spargel gar nicht theuer, kauf die
Jungfrau, ich geb ihr wohlfeil der ferneren
Bekanntschaft wegen.

Einkauferin. Ey wohl Spargel! vor 4
Kreutzer Zugemüß hätte ich gern, vor 10 Pfen=
ninge Spinat und 6 Pfenninge Sallat.

Aria.

Frau Krauthaplin.

Zehn Pfenning Spinat, sechs Pfenning Sallat!
Ihr Weiber pakt aus, ihr Weiber pakt aus!
Der Jungfrau ihr Herrschaft giebt heut einen
Schmaus.
Ihr Weiber pakt aus, ihr Weiber pakt aus!

Einkäuferin. Was haben die Frauen dann meiner zu spotten? geben Sie was Sie wollen und können; ich glaube, daß einem jeden frey stehe, für baares Geld viel oder wenig einzukaufen.

Aria.

Frau Krauthaplin.

Ihr Weiber reicht dar, die Jungfrau zahlt baar.

Chorus aller Weiber.

Zehn Pfenning Spinat, sechs Pfenning Sallat, Die Jungfrau zahlt baar, ihr Weiber reicht dar.
Zehn Pfenning Spinat, sechs Pfenning Sallat, Ihr Weiber reicht dar, die Jungfrau zahlt baar.

Fr. Antivin. Hier hat die Jungfrau für 6 Pfenning Sallat.

Fr. Saurampfin. Und ich gebe der Jungfrau für 10 Pfenning Spinat.

Einkäuferin. Was soll ich mit diesem Pakatell Zugemuß machen? meine Herrschaft besteht aus 6 Personen, ohne Haus-Offiziers, was wird die gnädige Frau sagen, da ich ihr heute so wenig vom Markt bringe, wo ich doch von denen Fratschleriunen bishero zur Hälfte mehreres nach Hause gebracht? ſie wird und muß mich für eine Betrügerin halten. Ich habe es ohnehin täglich auf der Schüſſel, daß ich mir zu viel auf den Zecker ſchlage, um in die Lotterie ſetzen zu können.

Fr. Krauthap. Freylich wohl iſt dieſes Zugemüß für eine Kuh und 5 Kälber zu wenig. Das Rindvieh fordert noch zweymal ſo viel. Sage die Jungfrau ihrer gnädigen Frau, daß der Hr. Verwohlfeillungspatriot an allem dieſen Schuld habe. Durch ſeine patriotiſche Vorſchläge ſind wir bemüßiget, als erſte Erzeugerinnen dieſer grünen Waaren ſelbſt perſönlich auf den Markt zu ſitzen, unſere Haushaltungen zu vernachläßigen, mehr Dienſtleute zu halten, dahero entſtehet eben durch die Wege, wodurch er die Wohlfeilkeit zu erzwingen gedacht, gedoppelte Theurung. Wenn ihre gnädige Frau ſeine Broſchur, unter dem Titel: patriotiſche Gedanken noch nicht geleſen hat, ſo geb ich der Jungfrau eines mit, Sie kann mir ſelbes wieder zuſchicken, will Sie aber etwas ſpäters gegen Mittags kommen, ſo löſen die Fratſchlerfrauen von uns die Waaren buttenweis ab, und dann wird Sie bey jener, wo Sie vorhero gekauft, gedoppelt mehr von allen Gattungen als von uns bekommen.

Einkauferin. Nun geben mir die Frauen was sie wollen; genug, daß ich meiner gnädigen Frau diese Broschur als eine Neuigkeit zum Beweis der Theurung mitbringen kann, so werde ich für diesesmal wohl Glauben bey ihr finden.

Fr. Brungreß. Die Jungfrau muß doch eine sehr haushalterische Herrschaft haben, vermög Einkauf ihres Zugemuß für 6 Personen, ohne Hausoffiziern scheinet mir, daß das Markt- oder das Zeckergeld nicht vieles beytrage.

Einkauferin. Diesfalls hat die Frau wohl recht. Für Modekleidung, Galanteriewaaren, Schminke, und Spektakeln wirft meine gnädige Frau ihr Geld überflüßig dahin, aber für die Mittags- und Abendkost, für Liedlohn und alle übrige Hausbedürfnisse ist jeder Kreutzer zu viel. Hätte ich nicht von dem gnädigen Herrn eine heimliche Zulage, und trügen die Zimmerherren, Abendvisiten nicht etwas bey, so bliebe ich sicher keine Stunde im Dienst, es wäre nicht auszuhalten, 24 fl. Besoldung, täglich nur 1 Kreutzer Brodgeld, kein Caffee, kein Fasten- kein Weingeld, wie sollte sich eine ehrliche Dienstmagd denn kleiden.

Fr. Sauexamp. Nu, nu, wenn man nur von einer andern Seite entschädiget wird.

Nebenverdienst mag wohl mehr eintragen, als Frauendienst. Nun so nehme die Jungfrau diese zwey Naigl Gemüß mit sich, für die Hinkunft werden wir schon besser bekannt werden.

Einkauferin. Ich dank meine Frauen für ihren Unterricht und Mittheilung der neuen Broschur, ich werde sie, so bald meine gnädige Frau dieselbe durchlesen hat, mit Dank zurückbringen.

Aria. Allegro.

Lebt wohl meine Frauen, ich dank für die Waar,
Ihr macht mir Vertrauen, die Probe ist klar,
Daß Euer Betragen, aufrichtig zu sagen
Viel besser, bescheidner, viel redlicher sey.
Als alle Behandlung von der Fratschlerey.
Ich sage es frey, ich sage es frey.
Die Probe ist klar, im Ansicht der Waar.
Daß Euer Betragen. ꝛc. ut supra.

(Tritt ab.)

Vierter Auftritt.

Eine verkleidete Fratschlerfrau mit einem Caposchon, so von einem Polizeykorporal beobachtet und beschlichen wird.

Aria. Piano.

Fratschlerin.

Es ist zwar verboten, vor 11 Uhr zu kommen,
Deßwegen hab ich einen Schodron genommen,
Der macht mich unkennbar, täuscht den Commissär,
Und ich erhalt sicher 2, 3, Butten mehr.

Polizeykorporal. al Basso.

Wart alte Runkunkel, dich kenne ich schon.
Du kommst in die Falle sammt deinem Schodron.

Fratschlerin.

Heut sitzen die Frauen, Sie kennen mich nicht,
Der Schodron, der Schodron verstellt mein Gesicht,
Erhasch ich mehr Butten, fall'n sie mir zu Guten.

Polizeykorporal. al Basso.

Wart alte Runkunkel dich kenne ich schon,
Du kommst in die Falle sammt deinem Schodron.

Fratschlerin.

Ich fahre, so wahr ich ein Fratschlerin bin
Der neuen Verordnung gewiß durch den Sinn.

Der Schobron, der Schobron verhüllt mein Gesicht,
Heut sitzen die Frauen, sie kennen mich nicht.

Polizeykorporal. al Basso.
Wart alte Runkunkel mit deinem Schodron,
Du kommst in die Falle, ich kenne dich schon.

Fratschlerin. Wie theuer diese Butten?

Fr. Sauerampf. = = 6 Siebenzehner.

Fratschlerin. Ich hätte geglaubt, heute von der ersten Hand wohlfeiler zu kaufen, so aber sehe ich das Widerspiel. Von meiner bekannten Fratschlerfrau habe ich immer eine solche Butten vor 4, höchstens 5 Siebenzehner bekommen, dieweil ich als 10 Kreutzer = Tractärin täglich 3, auch 4 derley Butten ablöse.

Fr. Sauerampf. Wenn es so ist, so nehme sie die Frau, auf bessere Bekanntschaft für 5 Siebenzehner.

Fratschlerin. Nun dann, da gebe ich siebenzehn Kreutzer daran, meine Dienstmagd wird den Rest darauf zahlen. Was kostet diese zweyte Butten?

Fr. Sauerampf. Mit der Frau Traktärin handeln wir nicht lang, dieweil Sie al in Grosso kauft. Die Frau zahlt nicht mehr, noch weniger als 5 Siebenzehner.

Frat=

Fratſchlerin. Gut, ſo gebe ich der Frau auch ſiebenzehn Kreutzer daran.

(Sie macht ihre Zeichen mit der Kreide auf die Butten.)

Polizeykorporal. Nun alter Schodron biſt du mir aufgeſeſſen, (zu der Gärtnerin) ſind dieſe zwey Butten verkauft?

Gärtnerin. Ja Herr Polizeykorporal.

Polizeykorporal. An wem?

Gärtnerin. An dieſe Frau Tractärin.

Polizeykorporal. Wo iſt die Tractärin, zu welchem Hausſchild, in welchem Hausnumero?

(Fratſchlerin betroffen, angſthaft ſtotternd) Beym, beym Schodron, Numero 4573.

Polizeykorporal. Ich habe gedacht bey der verkappten Fratſchlerin mit dem Schodron. Nro. Nullibi. Von Stund an in das Polizey= haus, nehme Sie ſogleich die Butten auf den Buckel, und marſch mit mir in das Polizey= haus. Ihr wiſſet den Verbot, daß keine vor= kaufen ſolle, und ich habe es beobachtet, daß ſie auf zwey Butten daran gegeben. Marſch, luſtig mit der Butten in das Polizeyhaus, dummelt euch.

Fr. Sauerampf. Herr Korporal, das laß ich nicht angehen, die Butten mit der Waare

ge=

gehört mein, und ich habe nur 17 Kreutzer daran.

Korporal. Die Butte mag die Frau etwann wieder bekommen, jedoch die Waare ist schon viscalisch.

Fr. Sauerampf. Ich habe mit ihr als Tractärin, und nicht als Fratschlerin gehandelt; ich gebe das Drangeld zurück, und hiemit behalte ich meine Butte mit der Waare.

Korporal. Die Untersuchungs=Commißion wird den Spruch machen, indessen nehme die Frau, die zwote Butte auf den Buckel, und beyde folgen mir nach in das Polizeyhaus. Marsch! marsch.

Aria.

Das wär schön, das wär schön,
Ich sollt mit der Butte geh'n,
   Weiß der Herr wohl, wer ich bin,
   Ich bin selbst Frau Gärtnerin.
Das wär schön, das wär schön,
Ich sollt mit der Butte geh'n.
   Ich bin keine Fratschlerin
   Ich bin selbst Frau Gärtnerin.
Das wär schön, das wär schön,
Ich sollt mit der Butte geh'n.

Aria.

Polizeykorporal.

Gärtnerin hin, und Gärtnerin her;
Protestiren hilft nicht mehr.
Sie muß ohne Widersteh'n
Mit ins Polizeyhaus geh'n.

* *

Alte mit der schwarzen Buckel
Nimm die Butte auf den Buckel;
Und auch Sie, Frau Saueramphin,
Als Madame Gärtnerin.
Packe Sie die Butte an;
Marsch mit mir, ich geh voran.
Eins zwey, Eins zwey.
Marsch mit mir zu Polizey.

(Fratschlerin, will mit einem neuen Laegethaler die Polizey bestechen.)

Ach laß mich der Herr zurück,
Ich geb ihm ein glänzend Stück,
Für die Nachsicht dieses Falls.

Polizey.

Willst du Alte mit Präsenten,
Mich, als Polizey verblenden?
Nein das nicht, nein das nicht.

Fratschlerin.

Herr bloß für die Uebersicht
Meines Fehlers, meines Falls.
Geb ich

Fr. Sauerampfin.
Nein das, nicht, nein das nicht,
Stek die Frau ein; ich bezahls, ich be=
zahls.

Polizeykorporal. al Basso.
Wollt ihr zwey verstellte Schlangen,
Mich wie einen Adam fangen,
Nein, das nicht, nein das nicht,
Ich vollziehe meine Pflicht.
Marsch, ihr Teufeln, alle Zwey;
Marsch mit mir zur Polizey.
Eins zwey, Eins zwey
Marsch, mit mir zu Polizey.

(Der Corporal mit denen zwey Frauen tritt ab.)

Chorus der übrigen Gärtnersfrauen.
Das ist Jammer, das ist Noth, der verdammte
Patriot.
Mit der Aufschrift: Lieber Gott, bringt uns alle
um das Brod.
Unsere Quaal sey Gott befohlen,
Ihn mag jeder Teufel holen;
Der verdammte Patriot
Bringt uns all um unser Brod.
Das ist Jammer, das ist Noth,
Der verdammte, der verdammte Patriot.

(Ende des ersten Aufzugs.)

Das Theater stellet ein Bierhaus vor, wo an einem Tische ein bürgerl. Oehlermeister, ein Müller und Bäckenmeister sitzen; der Kellner beschäftiget sich mit Bedienung.

Erster Auftritt.

Hr. Oehlermeister, Müller, Bäckenmeister und der Kellner.

(Oehlermeister die Broschur des Patrioten in Handen haltend.)

Das ist doch zum Teufelholen, was der Mensch daher schreibt. Er masset sich des Charakters eines wohldenkenden Patrioten an, eines Schutzfreundes der dürftigsten Menschen-Claße, bringet Lügen und Schmähungen ohne Grundsätze entgegen alle ehrsame Bürgerzünften, so mit Nahrungsprodukten zu verkehren haben, in offenen Druck. Setzet das ganze Wienerpublikum in Gährung, und will bloß durch Machtsprüche die Wohlfeilheit erzwingen,

den

den Armen, wie den Vermögenden überzeugen, daß durch seine unbesonnene Rathschläge und Angebungen jeder nöthige Nahrungsartikel zur Hälfte in dem Preis könnte herabgesetzet werden. Diese Kühnheit soll ihm, wenn auch ganz Wien Nachsicht haben sollte, von unserer ehrsamen Oehlererzunft nicht unbestraft dahin gehen, ich alleinig getrau mich, ohne ein Gelehrter, ein Schriftsteller, oder neumodischer Autor zu seyn, ihm vor aller Welt zu sagen und zu behaupten: daß er kein Patriot, kein Denker seye, und dieses schliesse ich von allen übrigen, so er ausser unserm Fache, ungeachtet ich keine vollkommene Einsicht und Kenntniß anderer Gewerbsbetreiber habe, daß er sämmtliche nur zu beklimpfen, zu beleidigen, und in den Augen des Publikums verdächtig, sich aber als einen Witzling und Kenner aller Ränke, so bey jeder Gewerbschaft unterschleichen könne, dem Publiko zu zeigen getrachtet habe.

Aria.

Oehlermeister.

Es ist gegen die Vernunft,
Eine ganze Burgerzunft
Durch Broschuren zu beglimpfen,
Unerweißlich zu beschimpfen.

Nein, nein, nein, das kann nicht seyn,
Nein, das gehe ich nicht ein.

* *
*

Ich weiß, daß ich ehrlich bin;
Morgen schreib ich wider ihn,
Ich beweiß bey meiner Treu,
Mit Genehmung der Censur,
Daß der Autor der Broschur,
Kein Patriot, kein Denker sey.
Bey meiner Treu, bey meiner Treu.

Müllermeister. Sie haben recht, er verdient beschämt zu werden, er hat es uns Müllern eben nicht besser gemacht, wenn das, so er von uns geschrieben, erweißlich wäre, sollte es ja kein Wunder seyn, daß der gemeine, sonderlich der dürftige Mann in Unart und Mißmuth geriethe; ich habe in Durchlesung derjenigen Sätze, so uns hauptsächlich betreffen, so viele böse und einen ehrlichen Mann höchst kränkende Zumuthungen angetroffen, daß ich bey einer ganz unpartheilichen Commißion ihn nicht nur als einen unverständigen Scribenten, sondern auch als einen geflissentlichen Täuscher und Aufwiegler des Volks gegen sämmtliche Gewerbsbetreiber menschlicher Nahrungsprodukten zu überweisen getraue.

Aria.

Aria.

(Im Takt des Mühlrades.)

Müllermeister.
Es braucht Stärke
Müller Werke
    Ueberzustürzen;
Seinen Grimm
Will ich ihm
    Unfehlbar kürzen.

✱ ✱
✱

Jeder weiß,
Daß sein G'jeis
    Lauter Lüge.
Daß er das Publikum
Durch sein Compendium
    Sträflich betrüge.

✱ ✱
✱

Was je kein Schurk gemacht,
Schreibt er mit Vorbedacht
    Immer vor allen;
Um in Compendio
Dem Wiener Publico
    Blos zu gefallen.

Wenn er selbst Müller wär,
Fiel es ihm selbsten schwer,
Dies auszuführen,
Worinn er ohne Scheu
Suchet die Müllerey
Zu diplamiren.

Hr. Bäckermeister. Wäre der letztige Aufstand gegen uns Bäckermeister nicht in all zu frischem Gedächtniß, so würden wir gewiß eine derbe Recension gegen seine unverschämte Zumuthungen in Druck ergehen lassen, da er aber ein blosses Wirrwarr aus seinem betäubten Gehirn daher schreibt, und aller Welt zu erkennen giebt, daß er mehr ein Calumniant als Speculant sey, dennoch als denkender Patriot und Schutzgeist der ärmsten Volks-Claße angesehen seyn wolle; im Grunde aber, ausser seiner aufgewärmten Zunftsspötereyen nichts von ächter Gewerbsmanipulation verstehe, so wollen wir ihn aller Recension unwerth halten.

Aria.

Er sagt, gesteht es selbsten ein,
Im höchsten Grad betrübt zu seyn,
Und unterstehet sich nebst bey
Mit einer Art von Raserey,

Befehlweis Vorschläg anzugeben
Die Theurung plötzlich aufzuheben.
Heißt denn das patriotisch seyn!

Hr. Oehler = und Bäckenmeister.
Nein, nein, nein nein, nein nein, nein
nein,
Wir Zünften stimmen sämmtlich ein,
Daß er mit seiner Scriblerey
Kein Patriot, kein Denker sey.

Hr. Oehlermeister. Haben die Herren die Schluß=Paragraphen in Betref der Herren Fleischhauer gelesen? der Hr. Müllermeister hat ihn unter uns treflich durch das Müllrad laufen lassen.

Hr. Bäckermeister. Dürfte ich meinen Müscher und meinen Jodl ihm unter die Au=gen stellen, sie würden ihm den Wischer so um das Maul kreiffen, daß er Zeit Lebens an sie gedächte; da wir aber, wie vorhin gesagt: wegen leztigem Aufstand keine neue Gährung erregen wollen, so ist von unserm gesammten Handwerk beschlossen worden, entgegen diese seine Lästerbroschur keine Sylbe in Druck zu geben, dieweilen wir vorsehen, daß die Her=ren Fleischhauer, so er sonderheitlich zu einer gedruckten Wiederlage aufgefordert, den Herrn Patrioten, so, wie er es verdienet, und das

C alte

alte Sprichwort lautet, wacker mit Kolben leusen werden.

Zweyter Auftritt.

Hr. Fleischhauermeister Lucas, und die Vorigen.

Willkommen meine Herren, Willkommen! (zum Kellner.) Einen Plutzer Hornerbier, und 2 Krennwürstel!

Hr. Müllermeister. Willkommen Herr Lucas. Lupus in fabula. Eben haben wir den Chapitero deren Herren Fleischhauermeister wähnet, wodurch er Sie zur Rechtfertigung aufgeforderet, werden die Herren wohl seine Lügen für eine Wahrheit gelten lassen?

Hr. Lucas. Reine Wahrheit, ja reine Wahrheit, Lügen auf Lüge, ungegründete Zumuthungen, selbst eigene Geburten seines betäubten Gehirns, ein Wirrwarr, ein Mischmasch von Verläumbungen, und Unmöglichkeiten ist seine ganze Broschur, ich zwar für mich und die meisten meiner Mitmeister haben außer unserer Beilbankhacken und dem blutigen Messer wenig Kenntniß von der Authorschaft. Doch siehet es ein Kind, so nur halb lesen kann, deutlich ein, daß er von uns so, wie

von

von allen übrigen Herren Gewerbs-Betrek=
bern überspannet geschrieben habe. Dem ge=
meinen Mann, welcher ohnehin wegen vor=
waltender Theuruug sehr bekränket leben muß,
die böseste Begriffe gegen die ehrsame Bürger=
schaft beyzubringen, und bloß alleinig denen
Herren Flecksiedermeistern zu Gunsten geschrie=
ben habe, alle übrige Zunften macht er zu Schur=
ken, Betrüger, Obrigkeitbehelliger, Lügner; und
suchet andurch ein Patriot des Vaterlandes,
ein Schutzgeist der ärmsten Volks-Claße zu
scheinen, aber in der That ist er ein bloßer
Aufwiegler, Hetzmeister des gemeinen Pöbels
gegen alle und jede, so einen Nahrungsarti=
kel zu verkehren haben. Die Herren Flecksieder
alleinig nennet er Menschenfreunde, und will
ihnen dergestalt, so bey vermög löbl. Com=
mißionsausspruch a 4 fl. bezahlen sollen, ge=
gen 2 fl. zuschanzen, damit der gemeine Mann
das Pfund Flecke, Lungen, Leber, Milz, und
Ochsenfüsse für 2 Kreutzer überkommen könne,
aber unser Vertheidiger hat ihn schon den Kno=
ten aufgelöset, und zum zweytenmal so derb
abgekappet, daß er schwerlich mehr repliciren
wird, hier haben die Herren jeder ein paar
Exemplar gratis. Durchsehen Sie dieselben,
und ich trinke indessen ein Glas Bier, mich

dür=

dürftet, ich komme eben von der Theilung, es ist ein Elend, was wir ein Martervieh bey diesen Zeiten überkommen, wenn man den Schaden der Direktion, nebst unserer Zubuß berechnet, so sollte dem Menschen das Herz bluten, Gott helfe uns baldigst zum Frieden. (Herr Lucas nimmt das Glas, und trinkt, die übrige beschäftigen sich mit Durchsehung der Broschuren, nach dem Trunk.

Aria.

Herr Lucas.

So wie man in der Stadt jezt spricht,
Glaub ich bey meiner Ehre nicht,
Daß sich ein Mann,
Noch gründlicher, empfindlicher
Entgegen schreiben kann,
Als unser Herr Vertheidiger zum zweytenmal
gethan.
Man halte in Durchlesung nur,
Die erst und zweyte Schutzbroschur
Der seinigen entgegen,
So wird geschwind ein jedes Kind
Von selbsten leicht erwägen,
Daß seine ganze Scriblerey,
Ein blosses Lügen-Chaos sey.

Das

Daß er den Titel Patriot,
Sammt seiner Aufschrift, lieber Gott!
 Ganz unnütz angebracht.
Und daß das Wienerpublikum
Sein Wohlfeilkeits = Compendium
 Zu Wischpapiere macht.

Allegro.

Kellner. Herr Lucas hat recht, Herr Lucas
 spricht wahr,
Hr. Lucas. Das Bier ist sehr schlecht, das
 Bier ist nicht klar.

(zum Kellner.)

Aria,

Hr. Lucas.

Bring mir einen besseren Plutzer herauf!
Du weißt ja, daß ich gern ein gutes Bier
 sauf.

Kellner. Allegro.

Sogleich bin ich hier, mit besserem Bier
Wenn dieses nicht ansteht, zahl'n Sie nichts
 dafür.

(Läuft ab.)

Hr. Lucas.

Das sind der Kellner Schurkenstreich
Warum setzt er nicht alsogleich,
Das gute Bier, den Gästen für,

Kellner.
Wir sind nicht immer Schuld daran,
Vorsätzlich hab ichs nicht gethan,
  Die Plutzer werden oft vermischt
Woraus ganz leicht entsteh't,
Daß, wenn man in den Keller geh't,
  Sehr leicht eins, so nicht zeitig ist, erwischt.
                    (Schenkt ein.)
Versuchen Sie nun dies mein Herr!
Ich repondir bey meiner Ehr,
Dies muß so, wie Champanerwein,
Und Malvasier zu trinken seyn.
(Lucas trint, es wird Dusch geblasen,
  die übrige Herren.)
  Pro sit, conducat, sit quoque Saluti.
Hr. Lucas.
Noch einmal, hoc sapit. Kellner schenk ein.
Kellner.
  = = = der Plutzer ist tutti.
Hr. Lucas, (aufgebracht.)
Was fehlt dem Halunken, glaubst ich bin ein
            Narr,
Erst zweymal getrunken, der Plutzer schon
            gar.
Seh da doch den Kratzen, er treibt mit mir
            Spaß,
Drey solchene Statzen, ist richtige Maas.

Bring hurtig ein andern Plutzer herbey,
Und füll diesen Stutzen, dann sind ihrer
Drey:
Dann zahl ich den Plutzer mit rechten für
voll.
Und geh meiner Wege.
Die drey Herren Meister wollen abgehen
  =   =   =   Herr Lucas lebt wohl.
Hr. Lucas. Wohin dann ihr Herren,
wo aus dann!
Die drey Herren Meister. = Wir geh'n
Die Abnahm der Waaren von Fratschlern zu seh'n.
Hr. Lucas.
Verziehet ihr Herren ein wenig, ich bitt,
Sobald ich bezahlt hab, so gehe ich mit.
Kellner. (Schenkt ein.)
Hier ist der Ersatz ihres Abgangs gemacht.
Hr. Lucas.
Und hier sind 4 Groschen, doch nimm
dich in Acht.
Wenn ich wieder komme, bediene mich recht.
Kellner.
Herr Lucas Sie schaffen, ich bin stets ihr
Knecht.
Hr. Lucas.
Bezahlt ist's, nun gehn wir mitsammen,
Die 3 Herren Meister. =   =   so recht.
Kell=

Kellner.
Ich bitt mir bald wieder die Ehr aus, ihr Knecht.

Die Herren. So recht.

Kellner. Reverenz. Ihr Knecht.

Die Herren. = = = so recht.

Der Kelln. (Reverenzweis.) = ihr Knecht, ihr Knecht.

(Sämmliche tretten ab.)

Der Kellner schiebet den Biertisch in die Scene, und das Theater verändert sich in den vorigen Judenplatz, allwo die Gärtnersfrauen bey ihrem Kram sitzen.

Dritter Auftritt.

Zwey Kratschlerfrauen mitsammen.

Fr. Pemplerin. Hat die Frau Sterzlin die Geschichte gehört, so heute mit der alten Limoni=Baberl vorgegangen?

Fr. Sterzlin. Kein Wort, meine beste Frau Pemplerin, habe ich von Zeit drey Tägen von ihr erfahren.

Fr. Pemplerin. Heute ist sie eingehötschelt worden.

Fr. Sterzlin. Eingehötscht, und warum das? ich will doch nicht hoffen wegen Schlechtigkeiten?

Fr.

Fr. Pemplerin. Das eben nicht, sie hat sich unter einen Schodron versteckt, und unter dem Vorwand, als ob sie eine 10 Kreutzer=Träktärin wäre, 2 Butten grüne Waare vor der bestimmten Zeit abgelöset, dabey hat sie der Polizeykorporal erhascht, Sie und die Frau Gartnerin, Frau Sauerampfin gezwungen, jede eine Butten auf den Rücken zu nehmen, und mit ihm in das Polizeyhaus nachzutragen.

Fr. Sterzlin. Das Strahlweib kann ihre Werke nicht lassen. Was vor ein Einfall, den Schodron aufzusetzen, um auf solche Art mehr Verkauf zu erhaschen. Mir ist leid für Sie, Sie wird plechen müssen, die Butten sind sicher Fiscalisch. Doch hätte ich wahrlich lachen müssen, wenn ich Sie in dieser Maskera gesehen hätte.

Fr. Stumpferl. Wenn diese neue Anstalt von langer Dauer ist, so werden wir alle zu Bettlerinnen.

Fr. Sterzlin. Die Fr. Stumpferl spricht die reine Wahrheit. Wir sollen vor 11 Uhr nichts ablösen, Vormittags nichts verkauffen, und unsere Nebenplätze wollen Sie uns auch nicht mehr gestatten, so sind wir Vormittags gänzlich gewinnßlos. Wäre die Ablösung

beym

beym Schänzel nicht frey, so konnten wir das Becherl Brandwein, oder die Schaale Kaffee zum Frühstücke nicht erschwingen.

Fr. Stieglizin. Liebe Frau Kernbeißin, ich weiß mir baldig nicht mehr zu helfen noch zu rathen, mein Mann liegt elend zu Haus, er hat sich bey letzter Kirchweih das Zäpfel verrenkt, kann keinen Groschen verdienen, meine grosse Tochter ist durch Recommendation in das grosse Universalspital gekommen, die kleinere darf ich nicht mehr hausiren schicken, jetzt muß Sie sich mit Seidenwinden und Handschuhnähen, oder Kommißarbeit behelffen, der Bube ist ein lauterer Taugenichts, was er vom Kegelaufsetzen erobert, verspielt er wiederum mit Kegelscheiben. Nun muß ich mit meinen abgerabelten Knochen 5 Mäuler stopfen, und so viele Fraßmägen sättigen, woher Gewand, Holz, Zinns, nebst andern Nothdürften?

Fr. Kernbeißin. Beste Frau Stieglizin! Wenn man alle die Erfordernissen mit der dermaligen Theurung zusamm haltet, so glaubt man, daß es eine Unmöglichkeit seye, ehrsam durchzukommen. Hätte ich nicht vorige Wochen ein kleinen Terno gezogen; so hätte ich schon wirklich meine Zuflucht in das Versatzamt nehmen müssen.

Fr.

Fr. Stieglizin. Die Teufels Lotterie will mir gar nicht behagen, ich habe von Zeit 12 Tagen über 5 fl. daran gewagt, es hat mir von meinem ersten Mann seel. geträumt. Da sahe ich seinen Todtenkopf so zärtlich auf mich lachen, und die Zähne plecken. Nun weiß die Frau, daß der Todtenkopf 13, die Zähn 28 bedeuten, und den 31. Februari ist er gestorben, so habe ich auf Numero 13. 28. und 31. Terno Secco 5 fl. gesetzt, und nicht ein Numerus ist herausgekommen.

Fr. Kernbeißin. Da hat die Frau nicht gut gesetzt, dann das Monat Februari hat nur 28 Täge, also ist der Sterbetag nicht richtig berechnet, die Frau hätte sollen 28 setzen, die lachenden Zähne eines Todtenkopfs müssen genau gezählet, und der Numerus oder die Zahl der abgängigen genommen werden, und der Todtenkopf hat auch verschiedene Bedeutung: darnach der Mann alt oder jung, kahlkopfig oder stockhaarig ware. Wenn die Frau wiederum setzt, so wollte ich ihr rathen, sich die Numero, von einem 7jährigen Neutaufkind, und der muß ein Knab mit roth kraußlichen Haaren seyn, heben zu lassen.

Fr. Stumpferl. Seyd still ihr Lotterie-Schwestern, wenn es der Patriot erfahrte, daß wir Fratschlerfrauen von einer Ziehung zur anderen, 3, 4, 5 fl. einlegen können, so sprengt er uns alle vom Platz, er will ohnehin keine Fratschlerfrau mehr gestatten, so einer andern Arbeit vorstehen kann.

Fr. Sterzlin. Wenns so ist, sind wir die meisten um unser Brod.

Aria. Piano.

So häuft sich doch immer die menschliche Noth.
Ein jeder bejammert den Mangel an Brod.
Fr. Stieglizin.
Man klagt aller Ecken,
Für keinen wills flecken.
Fr. Sterzlin.
Von Tag zu Tag schlimmer,
Die Theurung wachst immer.

Chorus der sämmlichen Fratschlerfrauen.
Zuletzt weiß man nicht mehr honnet zu besteh'n,
Wenns länger so fort währt, muß alls betteln gehn.

Allegro. Tutti.

Der verdammte Patriot, schmälert unser täglichs Brod,
Der verdammte Fratschlerschinder, hat die Mutter und die Kinder,

In den Bettelſtab gebracht. Er alleinig hats
erdacht,
Durch Befehle, einzuſchärfen, daß wir nicht hau=
ſiren dürfen.
Gärtnersfrauen.
Der verdammte Teufelsmann, iſt alleinig
Schuld daran,
Daß die Frau'n hier ſitzen müſſen, er ſolls in
der Hölle büſſen,
Und durch alle Ewigkeit, ſey ſein Buch ver=
maledeyt.
In Ewigkeit, vermaledeyt, in Ewigkeit.

Fr. Kernbeißin. Recht meine Frauen, ihr habt recht, das Buch, oder die Broſchur, mit der Aufſchrift: Patriot, und lieber Gott, Eins wie das andere enthaltet kein Merkmahl eines gutdenkenden Patrioten, euch Gärtnerfrauenſu= chet er blos das Brod zu verſäuren, auch uns armen Fratſchlerfrauen will er es ganz vom Gaumen reiſſen, alle übrige Gewerbsbetreiber und Verkehrer menſchlicher Nahrungsprodukten ſchildert er dem Auge des gemeinen Pöbels als Schurken, Betrüger, Waarenverfälſcher, Lügner, Obrigkeitsbehelliger, und unter dem Vorwand ein Schutzfreund für die ärmſte Volks= klaſſe zu ſeyn, iſt er ein verkappter Unterhänd= ler deren Herren Fleckſiedern, und trachtet mittels diesem Kunstgriff ihnen das paar Gescheid, so per Commissionem auf 4 fl. Ablösungspreis bestimmet worden, gegen 2 fl. zuzuwenden, setzt dem armen Mann in Kopf, man könnte ihm das Pfund Lungen, Leber, Milz für 2 Kreutzer ohne Schaden eines 2ten oder 3ten geben, wo es doch eine Unmöglichkeit ist. Was kann, was soll anders aus derley offenbaren Vorträgen entstehen, als Unwillen, Haß, und Wuth gegen jene, so die Hinderniß der Wohlfeilkeit seyn müssen, dieweilen Sie alles um theuren Werth übernehmen, ist ein solcher nicht eheuder, als ein Aufhetzer, als Freund der gemeinsten ärmsten Volksklaße anzusehen, sich selbst seinem eigenen Beutel sucht er etwas zum Besten zuzuwenden, gut und wohlfeil möchte er fressen bey dermaligen Kriegszeiten, wo doch der Ankauf aller Produkten für mehr als ein Drittel erhöhet worden, er will bloß durch Befehle, und willkührliche Verschleißsatzungen die Wohlfeilkeit erzwingen, ohne dem Landmann, als ersten Erzeuger zur ringeren Abgab seiner Produkten bemüßigen zu können, berechnet nicht, daß Wien mit Consumenten angefüllt, und die Viehweiden durch Ansiedlung vermindert sind, daß ein 4jähriger Krieg ein schröckbares Consumo

aller

aller Nahrungsprodukten verursachet habt.
Kurzum ein Idcot, und kein Patriot ist er.
Nicht umsonst hat ihm der Vertheidiger der Herren Fleischhauer zugeschrieben.

Aria.

Fleckfiederischer Schutzpatron
Sprich führohin mit Wahrheitsthon,
 So wird dich alle Welt beloben,
So aber, da du Lügen schreibst,
Und Nullibi in Forma bleibst,
 So ist es kindleicht zu erproben.
Du selbsten zeigst es aller Welt;
 Daß es, o Freund! verzeih es mir.
 Ich sag es keinem sonst als dir,
Dir unter der Perücke fehlt.

Fr. Stumpferl. Wäre er ein richtig und gutdenkender Patriot, so müßte er eingesehen haben, daß der Burger und Bauer die 2 würksamste Räder der ganzen Staatsmaschine sind, die als Verkehrer aller Landesprodukten, den Geldumlauf vom gringsten Bettler, bis zu dem Monarchen in Bewegung setzen. Dann Bauernschweis, und Bürgerfleiß sind die Seele, so den viel bedürfenden Stadtskörper beleben und erhalten muß, kein Monarch, kein Minister bis zum letzten Staatsbeamten, kein Feldherr

bis

bis zum letzten Pfeifer der Armee, kein Fürst, kein Graf, kein Freyherr, kein trockener Güterbesitzer bis zu seinem letzten Unterthan vom Capitalisten bis zum letzten Bettler bringet keiner das seinem Charakter angemessene Nahrungskapital mit Eintritt seiner Gebuhr auf die Welt.

Fr. Stumpferl. Woher sollen dann die unermäßliche Staats = und Kriegserfordernissen geleitet werden?

Aria.

Unter Patriotenschein,
  Soll er nicht auf sich gedenken,
  Und ehrsame Bürger kränken,
So des Staates Triebrad seyn.
  Hätt er Witze und Verstand,
  Müßt er wissen, daß das Land,
Wo der Bürger nichts vermißt.
Glücklich und gesegnet ist.

Fr. Sterzlin. Sieht dann die Frau nicht ein, daß er ein unzufriedener salarirter Hungerleider seyn muß, weil er jeden Gewerbsmann für seinen Gewinnst beneidet, und durch seine berechnete Uebermaaß des Gewinnstes ganz betäubt wird, daher durch Machtsprüche Verschleiß= und Abgabssatzungen, bis zum

zum Grab eines salarirten Hausknechts, durch sein Placet, das kann er haben, das soll er haben, herab drängen will. Vergißt dabey auf alle Erlagen und Erfordernissen, so ein Burger zur richtigen und würksamer Betreibung seines Gewerbes bedarf, vergißet auf Steuer und Gaben, Procento=Verlust, Credit= und Ankaufs=Risico, verweßlich und der Fäulung unterworffener Waaren. Er muß glauben, der Burger setze sich zur Bürgerlade, wie er zum Schreibtisch, wo er sogar das Papier, Dinten, Federkiel, Federmesser, Siegelwax, Linial, Papierscheere, Kerze und Licht=schneitze, Reißbley und Bindfaden, oft so gar schon das Formulare seiner Arbeit blos zum Abschreiben antrift. Freylich sind die Besoldungen dergestalten zugestutzt, und blos auf den Mann, nicht aber auf Frau und Kinder=zuwachs ausgemessen. Dahero entstehet, daß er niemals so gut als ein aufrechter Bürger leben kann; hieraus erwachset der Neid, und durch den Neid der Ruf eines übertriebenen Gewinnstes, ohne Ueberdenkung, daß der Burger und Bauersmann durch bioße Verkehr immer die Erfordernissen zum Unterhalt aller Staatsglieder in die Hand spielen muß.

Aria.

Kanns anders wohl seyn,
S'Einkommen ist klein,
Frau, Kinder zu Haus,
Sie langen nicht aus.
Die Frau schnipft vom Marktgeld all täglich was weg.
Auf Dintuch, auf Bänder, auf Schuh und auf Rök.
Wie kann er besteh'n,
Drum möcht er gern seh'n,
Daß alle die Bürger, so Fraßwaaren haben,
Nach gänzlich berichtigten Steuern und Gaben;
Ihr Waare für Halbscheid des Werths dahin geben,
Denn wärs für alle ein herrliches Leben.
Er denkt nur auf Wohnung, Holz, Kleidung und Speis.
Erwegt nicht den Kummer, die G'fahr und den Schweiß,
So Bürger und Bauern für Weiber und Kind
Von Morgen bis Abends stets ausgesetzt sind.
Dahero beneidt er ihn um sein Stük Brod.
Und giebt sich den Namen als Landspatriot.

Vierter Auftritt.

Der Polizeykorporal. Die 4 Herren Gewerbsmeister, zuletzt Herr Marktkommissarius.

Fr. Kernbeißin. Willkomm, Willkommen gestrenger Herr Polizeykorporal, nun wird es doch bald Zeit zur Ablösung seyn, weil Sie aufmarschieren, was haben Sie denn mit der alten Limoni=Baberl, und der Frau Sauerampfin vorgenommen? wie ist der Commißionsspruch ausgefallen?

Polizeykorp. Die Frau Baberl hat über die Darangabe per 2 Siebenzehner, die annoch restirende 8 Siebenzehner zu Gerichtshanden erlegen müssen, und man hat ihr die Marktpoleten abgenommen, Punctum. Und die Frau Sauerampfin hat nebst ihren 2 Siebenzehner Darangabe ihre 2 Butten zurück behalten, mit der Bedrohung, bey Verlust ihrer bürgerlichen Gärtnerfreyheit führohin an unbekannte Traktärsfrauen buttenweis zu verkaufen, und hiemit Punktum. Die grüne Waare ist mir als Fiscal zugesprochen worden. Nun weiß die Frau das dritte Punctum.

Fr. Stieglizin. Es muß doch schon Zeit zur Uebernahm seyn.

Aria

Aria.

Hats noch nicht 11 Uhr geschlagen,
Bald wärs nöthig Uhru zu tragen.
Fr. Kernbeisin. Eilf Uhr muß vorüber seyn.
Korporal, (zieht die Sonnenuhr heraus.)
Al Basso.
Und ich sage rund aus Nein,
Wenn ichs sage, nein, nein, nein.
Weiber.
Eilf Uhr muß es längst schon seyn.
Korporal. al Basso.
Und ich sag euchs allen Nein.
Weiber folgt mir, wenn ichs sag,
Richtet eure Ablösbutten,
Dann der Zeiger der Minuten,
Steht bereits schon auf dem Schlag,
Es fehlt kein Minute mehr,
Weiber richt die Butten her.
(die Uhr schlägt von weitem 1½ Uhr.)
Weiber, Frätschlerin. Chorus.
Schlagt schon, schlagt schon!
Gärtnerinnen. Chorus.
=   =   =   =   wer giebt mehr.
Fr. Sterzlin.
Ich behalt für mich 6 Butten,
Die hat Sie bey mir zu guten.

Com=

Commissär.
Weiber gebt die Waar mir her,
Gärtnerinnen.
Wer will Waare, wer giebt mehr.
Fr. Pemplerin.
Dafür geb ich 15 Groschen
Fr. Sterzlin.
Schweig, ich schlag dich auf die Goschen.
Fr. Stumpferl.
Mir sechs Butten,
Fr. Kernbeißin.
= = = die g'hörn mein,
Fr. Stumpferl.
Nein, nein, nein, das kann nicht seyn.
Dieser Kauf ist abgedroschen,
Fr. Kernbeißin.
Halt die Goschen, ich bezahl 17 Gröschen.
Gärtnerin.
Wer giebt mehr, wer giebt mehr?
Commissär.
Frauen gebt die Waare her.
Korporal.
Weiber leert die Butten aus,
Gärtnerfrauen geht nach Haus.
Weiber.
Unsre Butten sind nun leer,
Lebn Sie wohl Herr Commissär.

Die

Die Gärtnerinnen mit den leeren Butten tretten ab. Die Fratschlerfrauen desgleichen mit ihren übernommenen Butten treten ab.

Hr. Oehlermeister.
Dies Spektackel anzuseh'n,
Ist der Mühwerth herzugeh'n,

Hr. Müllermeister.
Es ist fast zum buklicht lachen,
Was die Weiber Lärmen machen.

Hr. Bäckermeister.
Jede will die erste seyn.
Jede ruft die Waar g'hört mein.

Hr. Commissär.
Doch für mich als Commissär

Korporal. al Basso.
Für uns beyde ist es schwer.
Doch Geduld, mir ist nicht bang
Dieser Auftritt dau'rt nicht lang,
Eh ein Viertel Jahr verfließt,
Werden alle Wiener sehen,
So selbst auf die Marktplätz gehen,
Daß es nicht wohlfeiler ist.

Hr. Lu-

Hr. Lucas.
Frag man, wer ist Schuld daran,
Wem man es zumuthen kann?

Chorus Aller.
Lieber Gott! lieber Gott!
Der betäubte Patriot.

www.ingramcontent.com/pod-product-compliance
Lightning Source LLC
Chambersburg PA
CBHW020334090426
42735CB00009B/1531